LA RÉGION DE BATNA

ET LA COLONISATION

NOTICE

SÉRIANA

TIMGAD

LES DERNIÈRES FOUILLES & LES DÉCOUVERTES

PAR

Léon DOMERGUE

Géomètre du Service topographique

BATNA

IMPRIMERIE TYPOGRAPHIQUE A. BEUN, 32, RUE DE SÉTIF

1890

LA RÉGION DE BATNA

ET LA COLONISATION

SÉRIANA — TIMGAD

LA RÉGION DE BATNA

ET LA COLONISATION

NOTICE

SÉRIANA

TIMGAD

LES DERNIÈRES FOUILLES & LES DÉCOUVERTES

PAR

Léon DOMERGUE

Géomètre du Service topographique

BATNA

IMPRIMERIE TYPOGRAPHIQUE A. BEUN, 32, RUE DE SÉTIF

1890

AVANT-PROPOS

La ville de Batna, que j'ai l'honneur d'habiter depuis plus de dix années, a fait quelques sacrifices, dans le but de faire connaître au monde savant et aux amis des Arts, les merveilles archéologiques qui couvrent le sol de notre région.

Nulle part autant qu'ici les ruines romaines n'ont l'aspect grandiose et la vaste étendue. On ne les voit nulle part aussi bien conservées.

De belles photographies ont été créées qui ont été répandues partout, mais pour l'œuvre de vulgarisation, la presse est souveraine et elle est restée muette.

La mémoire, au dire du poëte latin, retient sans peine ce qui frappe les yeux lorsque l'expression en est fidèle, et la photographie peut multiplier les images après avoir reproduit les objets dans l'ensemble et dans le détail, mais la presse n'est pas moins puissante, car elle peut augmenter son tirage et fournir la pâture intellectuelle à un nombre indéfini de lecteurs.

L'attention publique en France et à l'Etranger paraît avoir répondu à la généreuse initiative de la municipalité de Batna. Aidée par la sympathie toute puissante de M. le Gouverneur général et par celle des hauts fonctionnaires de l'administration, déjà la Science nous envoie plus nombreux ses émissaires ; j'ai vu, parcourant nos ruines, les représentants les mieux connus de la Science archéologique, ceux d'Allemagne et d'Angleterre, les professeurs d'Heidelberg et de Leipsick, d'Oxfort et de Cambridge, sans compter ceux qui nous visitent au nom de la Science et des Lettres françaises, plus empreintes de correction, de compétence et de clarté, comme tout ce qui est né du Génie latin.

Nos merveilles s'appellent *Thamugas, Lambœsis, Diana,* noms illustres des itinéraires romains ; *Sériana,* nécropole inconnue, objet de cette modeste étude ; le *Médracen,* tombeau probable des Rois de Numidie, le plus grand et le plus majestueux des monuments funéraires du monde ancien.

Plus loin, vers Khenchela, récemment découvert, dans une paisible et délicieuse vallée, site enchanteur dédié aux nymphes *(numini nympharum)* et au Dieu fécond *(Deo Frugifero),* le Vichy de Rome, les thermes de Vespasien et de Titus, restaurés par la munificence impériale de Septime Sévère et de Caracalla, j'ai nommé les *Eaux Flaviennes,* station jusqu'à ce jour inconnue et ignorée, des itinéraires romains *(Aquæ Flavianæ).*

Les Revues scientifiques, les Annales d'archéologie, les recueils de notices et mémoires, les bulletins périodiques des Sociétés littéraires ont fait connaître, mais sans détails, quelques fragments de ces antiquités ; d'ailleurs, les publications si remarquables des Sociétés savantes de l'Algérie, qui font foi pour l'exposition et l'interprétation des textes et pour la description des monuments, assez répandues en Europe et très peu chez nous, ne sont lues que dans un monde restreint et, à cause même de leur valeur scientifique et littéraire, restent inutiles pour la vulgarisation des choses de l'archéologie, de l'Epigraphie et de l'Art. Peu d'amateurs et de touristes, très peu de ceux qui voyagent pour leur instruction ou pour leur plaisir connaissent l'œuvre de Léon Rénier, à qui rien n'a échappé en épigraphie, de ce qui portait, il y a trente ans, l'empreinte de la main de Rome et le cachet de l'Art.

Cette petite brochure, écrite pour quelques amis de nos antiquités, non moins amis de la colonisation, s'étend sur le passé, jusqu'à ce jour inconnu, de la région nord de Batna et sur l'avenir probable du centre nouvellement créé de Sériana. Elle contient quelques lignes sur les dernières fouilles de Timgad et sur les résultats qu'elles ont données. Le tout n'est qu'un fragment d'un livre plus étendu qui occupera mes prochains loisirs et où se trouveront résumées, surtout au point de vue archéologique, les notes prises au jour le jour, les choses vues et étudiées sur la terre d'Afrique dans les vingt-cinq dernières années.

Léon DOMERGUE.

Batna, le 25 Avril 1890.

La Région de Batna

ET LA COLONISATION

SÉRIANA

Un village existe, encore inachevé. Œuvre récente de la colonisation dans la région de Batna, il dépend de ceux qui président aux destinées de ce pays qu'elle ne soit pas la dernière; quelques centres de cet aspect, créés sur des points bien connus et depuis longtemps étudiés, seraient-ils l'œuvre, critiquée sans force, sans compétence et sans mesure, de la colonisation officielle, assureraient la prospérité et l'avenir de Batna. Le départ de nos officiers et de nos soldats ne laisserait plus dans nos cœurs que des regrets pour nos amis et l'espérance de les revoir. Il n'y aurait rien d'un désastre public; nous ne toucherions même pas, ainsi qu'on a osé le dire, au commencement de la fin.

Sorti de terre, comme par un coup magique du sort, au moment de la dispute, devenue classique sur les divers systèmes de colonisation, Sériana nous donne déjà ses produits; ses fourrages sont abondants, ses céréales encombrent nos marchés, sa jeune vigne de quatre ans promet un vin de qualité; ses colons arrivent nombreux à Batna et puisent dans son commerce les choses nécessaires à leur établissement et les instruments de l'agriculture.

Étrangers aux polémiques et aux vaines disputes d'écoles, la colonisation des économistes, celle du *Figaro* et de la *Revue*, les réclames des colons plus ou moins vieux laissent chacun d'eux à sa manière et chacun ramasse, par les méthodes connues et selon l'antique usage, les pierres de son jardin sans trop en jeter dans celui d'autrui.

Quelques-uns sont pauvres venus, mais si la dent de l'usure ne dévore pas immédiatement le fruit de leur pénible labeur, les colons de Sériana peuvent, à l'aide de quelques bonnes récoltes, compter sur un avenir assuré.

Chose étrange, peu de personnes, ici, connaissent, même de nom, ce joli village; cela ne peut s'expliquer que par la rapidité avec laquelle la colonisation officielle, c'est-à-dire l'administration, a procédé à la création des chemins et de l'outillage nécessaires à la vie de Sériana, à celle des plans de la région, à l'étude, à la division du sol et à l'installation des colons.

J'ai été pour quelque chose dans cette œuvre et, cependant, grand a été souvent mon embarras, lorsque quelques personnes amies des plus honorables et des plus haut placées m'ont prié de la faire connaître. Avec une insistance qui ne nous laisse plus que le soin de la recherche et du choix des moyens et oubliant que, peu habitué à écrire pour le public, il peut nous manquer quelque chose de la méthode et de la manière des publicistes, l'honorable directeur de l'*Echo du Sahara* nous demande à son tour une notice sur Sériana et il nous offre la gracieuse hospitalité de son journal. Espérons qu'en entourant le sujet de quelques considérations qui ne lui sont pas étrangères et qui peuvent lui servir de cadre, qui tiennent de l'historique du sol de la région nord de Batna au triple point de vue topographique, géologique et archéologique, nous intéresserons ceux qui ont bien voulu s'adresser à nous.

I

Le territoire de Sériana, détenu par le Domaine, a été alloti en 1882. Outre les lots réservés pour former la dotation des services publics, on y compte 39 concessions ordinaires d'environ 40 hectares, comprenant cinq lots chacune et pouvant recevoir 39 familles de colons immigrants ou algériens et 44 concessions industrielles.

Le village de Sériana, de création toute récente, est encore aujourd'hui en peuplement; c'est le plus jeune de tous ceux que compte l'arrondissement de Batna.

Il nous paraît donc utile d'exposer sur ce centre en création quelques considérations générales qui n'ont jamais été formulées; il est bon de connaître le pays livré à la colonisation, la région qui absorbera désormais la vie de nos colons. Cela ne peut qu'intéresser tous ceux pour qui les questions de colonisation ne sont pas affaires de spéculation, mais choses propres à diriger l'esprit d'étude et d'examen vers un point capital : le peuplement européen pour l'avenir de l'Algérie.

Le territoire de Sériana est déterminé au nord par les dernières ramifications du massif boisé du Djebel Tuggurt et par une portion de l'immense plaine d'alluvion bornée au sud par les derniers contre-forts du même massif; quelques cours d'eau de peu d'importance, bientôt absorbés par le sol en temps ordinaire, torrentiels dans la saison des pluies, coupent le territoire du sud au nord; ils reçoivent et conduisent dans la plaine qui les boit, les pluies qui tombent dans les montagnes. Ces cours d'eau se creusent généralement un lit profond dans les marnes légères, laissant à nu les conglomérats siliceux des alluvions quaternaires et ne sont bientôt plus dans les dépressions du sol et sur les points d'atterrissement qu'une traînée plus ou moins longue et plus ou moins apparente de sable et de gravier.

Les terrains lacustres, formant sur un rayon de 60 kilomètres le sol des Hauts-Plateaux, s'étendent du Djebel Guérioun qui domine la région d'Aïn-M'lila, jusqu'au massif du Djebel Tuggurt qui porte sur son flanc nord le village de Sériana. Sur ce point les terrains argilo-siliceux de la plaine forment des marnes chargées de silice et de calcaire, débris des roches broyées par les érosions des eaux.

La région montagneuse qui s'étend du Djebel Bou-Arif à Zana et qui porte au sud le Djebel Tuggurt appartient à la même formation géologique et montre quelques séries des terrains secondaires.

La plus ancienne forme le massif de la Mestaoua et du Guergour, les crêtes situées au nord des vallées de l'Oued Chaba et de l'Oued Hamela jusqu'au plateau de Casserou ; c'est la région jurassique. Les terrains crétacés inférieurs viennent ensuite et forment la masse du Bou-Arif, des crêtes qui dominent le bassin de Mérouana et les points culminants les plus rapprochés de la plaine qui s'étend de Sériana à Aïn-Sultan par Zana.

Les crétacés moyens forment la masse imposante du Djebel Tuggurt *(pic des Cèdres)* qui est, sur la ligne de partage des eaux, le point culminant du Tell, toutes les crêtes inférieures qui dominent la vallée et le bassin de Batna et qui s'étendent d'El-Madher à Aïn-Touta, enfin la région accidentée et montagneuse qui porte le village de Sériana.

Les Strates tertiaires moyennes du terrain miocène forment une portion du sol élevé qui sépare l'Oued-el-Ma de Sériana. C'est le moins ancien des terrains qui composent, après la couche alluvienne, le sol de la région de Batna.

Le village de Sériana est assis sur la croupe d'un contrefort calcaire qui pénètre aussitôt dans la plaine par une pente uniforme et douce n'offrant aucun point varié. Dominé au sud et à l'ouest par des roches escarpées, il touche au

sud et à l'est les derniers massifs boisés de la
région, dont la végétation, faite sur ce point de
broussailles rabougries, porte les traces de la
dépaissance et offre comme un vestige d'incendie. Ainsi couvert et protégé sur trois points, le
village de Sériana domine la plaine vers le nord
par 100 mètres d'altitude et donne sur la région
des Hauts-Plateaux un point de vue admirable.
La vue s'étend dans la plaine sur un rayon de
soixante kilomètres et se perd à l'horizon sur
les surfaces éblouissantes des lacs salés du Nif-
En-N'Ser et des marais de Zana.

Cette situation privilégiée met le village de Sériana à l'abri des miasmes qui couvrent la plaine et s'agitent constamment sous l'action des
vents. La salubrité, l'ancienne abondance et la
qualité des eaux, la fertilité du sol de cette région y fixèrent autrefois une colonie qui fonda,
sous la domination romaine, une des plus gran-
des cités de la Numidie. Nous dirons bientôt, en
quelques mots, ce que fut cette colonie, dont le
nom nous est encore inconnu. Les restes n'en
sont remarquables que par des inscriptions
éparses, des débris de sculptures classiques et
grandioses, des fragments de statues antiques
et par l'immensité de leur étendue. A égale dis-
tance de Lambœsis et de Diana, occupée par la
IIIe Légion (Augusta), elle servit de retraite à
ses vétérans. Beaucoup ont laissé sur la pierre
des dédicaces et des inscriptions funéraires qui
font de Sériana comme une sorte de nécropole
antique. On les trouve souvent noyées dans des
fragments de poterie céramique ou éparses au

milieu de détritus carbonisés ; les fouilles entreprises par les colons pour la construction des maisons ont, en effet, révélé que Sériana repose sur un monceau de cendres ; abandonné au sort des vaincus pendant les guerres qui signalèrent l'agonie de l'Empire romain, le municipe de Sériana disparut par le fer et par le feu.

La plupart des inscriptions de Sériana, environ trois cents, furent volontairement détruites, au moment de la création du centre actuel, par des entrepreneurs de travaux pnblics, de nationalité étrangère, qui se procurèrent ainsi, sans travaux pénibles et plus coûteux d'extraction, les matériaux nécessaires au pavage des rues et à l'établissement des routes. Cette dévastation, dont je fus le témoin impuissant et attristé, me fournit la matière de plusieurs rapports ; l'un d'eux adressé à M. Poulle, directeur des Domaines et président de la Société archéologique, fût envoyé par ce haut fonctionnaire à l'Institut de France, où il aida à fixer l'attention sur l'utilité et sur l'urgence des mesures à prendre pour la protection et la conservation des monuments et épigraphies antiques.

II

La Nécropole antique — La cité — La longévité des Anciens à Sériana

Des mesures sévères et des ordres précis arrêtèrent bientôt ces nouveaux Vandales, il était trop tard ; l'œuvre néfaste était achevée.

Mais, à défaut de monuments, ce qui nous reste aujourd'hui de l'Épigraphie Latine à Sériana, accru par les découvertes que le hasard des recherches et le travail des colons nous fournit souvent, suffira cependant pour nous donner une idée exacte de l'importance de la vieille cité, de la salubrité de son climat et des longs jours de paix que les vieux serviteurs de Rome y trouvèrent. Cette heure tranquille des temps anciens, que nous cherchons à connaître, nous fait bien augurer de l'avenir de notre jeune colonie, si elle sort victorieuse des difficultés inéluctables de la première heure.

L'histoire agricole de la région de Batna est, au moins autant que l'histoire religieuse, politique ou militaire, écrite sur notre sol. Les traces ineffaçables que la forte main de Rome y a laissées racontent son ancienne prospérité. Depuis *Diana*, la grande cité, fondée par les vétérans des Légions, dont les débris couvrent le pied nord de la Mestaoua sur quatre kilomètres carrés, jusqu'au Médracen, point central de l'antique Numidie, la ligne des débris romains suit le pied des montagnes, atteint la nécropole de Sériana et le *Vicus Tadutti* à Aïn-el-Ksar. Elle offre ensuite, sur le territoire de Fontaine-Chaude et de Mazuella un caractère particulier. C'est une suite de maisons de campagne, dont les restes offrent souvent un caractère architectural qui les fait reconnaître immédiatement pour d'anciennes et somptueuses villas. Les restes n'indiquent aucune agglomération ; une seule maison existait, le plus souvent, sur chaque point ; mais ces lieux sont nombreux, beaucoup ont disparu, enfouis sous le sol ; cela démontre, jusqu'à l'évidence même, l'ancienne prospérité agricole de ce pays.

Il n'est pas douteux que, dans ces temps reculés, la fortune de Sériana ne fût intimement liée à la fortune agricole de cette région. Les vétérans, après un service de 25 années, munis du diplôme appelé : *honesta missio,* autrement dit : *congé d'honneur,* se partageaient les terres impériales et le domaine public. Ils devenaient agriculteurs et formaient, en cas de danger pour l'Empire, un corps auxiliaire appelé *Vexillatio.* Avec les titres acquis et des faveurs spéciales, ces vieux soldats formaient ainsi la réserve des Légions. Ils sont nombreux à Sériana.

D'autre part, l'Epigraphie nous révèle quelque chose de la vie civile de cette cité, dont le nom nous est inconnu, et il est encore plus certain que l'administration romaine y possédait ses organes, des municipes et des colonies.

Parmi les inscriptions de Sériana, une des plus importantes est celle de *Primus.*

Dans un latin correct qui indique à lui seul la belle époque de l'épigraphie, *Primus* nous raconte qu'après avoir pieusement recueilli les cendres de son père Calendonius et de sa mère Veneria, il les réunit dans le même tombeau. Il accomplit cet acte de piété filiale pour que son origine ne fût pas contestée, car il était : *adjutor tabularii Augusti.*

Cette inscription jette un jour considérable sur le passé de Sériana, qui possédait un officier ministériel de cette importance. Le *tabularius Augusti* était, en effet, le gardien des archives impériales et Primus était son adjoint. Des fonctionnaires de cet ordre n'existaient que dans les agglomérations qui jouissaient du droit de cité et qui s'administraient elles-mêmes par les lois de Rome ou par leurs propres lois. Nous verrons tout à l'heure qu'on peut placer Sériana dans cette dernière catégorie et nous pouvons conclure de l'inscription de Primus que cette ville possédait, comme *Thamugas*, tous les fonctionnaires d'ordre administratif, dont il me paraît inutile de faire ici l'énumération.

La voie romaine de Lambœsis à Diana par Tadutti (Aïn-El-Ksar, Ferme Chartier) est inconnue partout. En procédant à l'installation des colons sur le territoire de Sériana, j'ai eu l'heureuse chance d'en trouver deux points ornés chacun d'une colonne milliaire enfouie dans le sol.

La première, dédiée à l'empereur Philippe, a été publiée dans le 25ᵉ volume de la *Revue archéologique*; elle est remarquable par le titre honorifique donné au fils de l'empereur : *princeps juventutis (prince de la jeunesse)*, qu'on n'avait pas encore, dit M. Poulle, rencontré en Afrique. Il n'est pas douteux que cette dédicace ne fût un hommage de la curie (conseil municipal) de Sériana à la famille impériale.

La seconde, plus importante encore et plus récemment découverte, sera publiée dans le prochain volume de la *Revue archéologique* et dans quelques jours elle paraîtra, pour la première fois, dans les annales de l'académie d'Hippone; elle est dédiée à l'empereur Maximilien

Galère et porte comme couronnement de la dédicace ces quatre lettres :

PPDD

Ces sigles mystérieux contiennent une histoire jusqu'à ce jour inconnue. Ils nous disent que Sériana possédait un trésor public PP *(pecunia publica)* et un conseil municipal DD *(decreto decurionum)* (par décret des décurions).

Les décurions étaient sous l'Empire romain les conseillers municipaux des villes libres. La curie de Sériana dédia ce monument à l'empereur Galerius aux frais du trésor public et la pierre porte le décret de ses édiles ou décurions comme sanction de la puissance publique.

Voilà en quelques mots et grâce à quatre lettres le passé de Sériana retrouvé ; puisse bientôt la pierre, si elle existe encore, nous restituer son vrai nom.

III

La Bibliothèque — Les Arts — La longévité des Anciens à Sériana

L'amour de l'antiquité pour les Arts se manifeste sous toutes les formes et à toutes les époques de sa vie.

Si les villes s'enorgueillissaient de leurs portes triomphales, de leurs colonnes rostrales, des parvis des basiliques et des marbres du forum, les moindres cités moulaient les dieux vénérés, les créaient de marbre ou de bronze et remplissaient de ces images le foyer domestique. Sous des portiques moins gigantesques, mais d'autant d'éclat, se dressaient les statues des grands hommes; leur forum était peuplé de socles et de colonnes portant les bustes des serviteurs illustres de la patrie et d'inscriptions destinées à la postérité. En style lapidaire fait pour braver le temps, avec la force et la concision romaines, le mot *Respublica* ornait les frontons et les frises des temples et des monuments publics.

En face de la puissance souveraine des Césars, ce nom était pour les colonies et pour les municipes comme le palladium des libertés publiques, la sauvegarde des droits des citoyens et des droits de la cité.

Nous ne trouverons pas à Sériana cette grandeur; ce sol antique ne renferme sans doute pas les fresques de Pompéï, les papyrus d'Herculanum, ni les marbres de Thamugas, mais parmi ce qui existe, quelque chose nous a frappé et nous rend rêveur, comme tout ce qui renferme l'inconnu. Nous sommes certain de trouver ici comme à Thamugas, un foyer intellectuel et un atelier des Arts.

En creusant les fondations de leurs maisons, la pioche de nos colons est tombée sur une merveille dont nous aurons peut-être à regretter la perte irréparable. Un amas de briques intactes, noyées dans la cendre, a été rencontré. Ces objets, sortes de tablettes creuses, sont de forme élégante et d'argile cuite au four. La superposition de deux briques laisse, par conséquent, un espace vide qui protège intérieurement les parois latérales du frottement et préserve de toute détérioration l'écriture ou les images qu'elles renferment.

Les briques de Sériana sont couvertes, dans leurs cavités, d'une écriture très fine, faite au burin, avec le style des tablettes antiques. Après un examen attentif de l'une d'elles, nous avons reconnu que le texte écrit n'est pas latin, ce qui ne s'applique, probablement, qu'à quelques volumes de cette étrange bibliothèque. Un des meilleurs colons de Sériana, M. Calvière, estime que plusieurs tombereaux auraient à peine suffi pour la transporter ; ces livres retrouvés ont été détruits ou utilisés comme moellons dans les nouvelles constructions. Le spécimen que ce colon en a gardé a été soumis à notre examen et à celui de M. le commandant Payen. Il a vivement intéressé ce savant ami de nos antiquités, un des hommes qui, par leurs découvertes et leurs publications, ont rendu les plus grands services à la science archéologique.

Il faut espérer que la bibliothèque de Sériana n'est pas encore épuisée et que ce qui reste de ses tablettes antiques, si elles sont retrouvées, nous sera précieusement conservé.

La sculpture était en honneur à Sériana ; nous avons vu sur le sol, gravement mutilé, reste informe d'une statue colossale, un marbre admirable. On pourrait dire de lui ce que le Poète dit des restes de Priam :

Hic jacet truncus et sine nomine corpus

Sur ce torse ruiné, vêtu de draperies finement sculptées, dont il est difficile de déterminer avec précision la forme et la grandeur, nous reconnaissons la *Toga* des patriciens de l'Empire, le costume national et distinctif du peuple romain. C'est la toge ample, la *Toga fusa rotunda* qui couvrait entièrement le corps. Les plis du vêtement s'arrondissent avec aisance, indiquant le moelleux des étoffes et l'habileté du sculpteur. La statue, sans bras ni tête, les jambes brisées, présente le buste d'un personnage qui jouissait des honneurs publics. Ce bloc de marbre bleuâtre, d'un grain très fin, blanc au soleil, indique peut-être l'emplacement du forum de Sériana. Quelques coups de pioche et ce témoin de l'Art ancien aura vécu.

Non loin de là et placée sous les auspices de M. Calvière, qui en a pris la garde, nous voyons la partie inférieure d'une statue de jeune enfant, vêtue d'une draperie élégante et simple qui la couvre jusqu'aux pieds. La jeune fille est debout; la finesse du tissu relève la pose du corps et donne un dessin parfait de moulure; la jambe droite est vivante. Les pieds reposent sur le Podium, socle ordinaire des statues debout.

Quelques autres spécimens d'Art pur, débris informe de statues antiques, mériteraient une citation; nous n'osons entreprendre de les décrire; notre travail n'est pas encore achevé et c'est déjà trop pour une simple notice. Passons à l'épigraphie de Sériana.

L'épigraphie, comme la sculpture, est une forme de l'Art.

Nous voici au *fort Turc,* nom donné par quelque retardataire au fort Byzantin. Ce lieu servit de refuge aux derniers défenseurs de Sériana. Construit avec les débris épars de la cité, il offre l'aspect d'une vaste pièce fortement murée de blocs grandioses. Cette pièce s'ouvre à l'extérieur par une porte dont le linteau est fait d'une pierre monumentale.

Cette pierre, encadrée de moulures, n'est pas seulement remarquable par ses dimensions ; l'inscription qu'elle porte est une dédicace pieuse et touchante. L'épigraphie qui l'a fixée sur la pierre est un des plus beaux spécimens que nous connaissions de l'épigraphie latine.

Nous pouvons admirer à Constantine la dédicace d'Aufidius Maximus, tribun de la XIIe Légion en Cappadoce et en Judée. Cette inscription, d'une épigraphie célèbre, est bien connue dans le monde savant. Celle de Sériana est presque ignorée, quoique aussi belle dans son genre ; elle a deux histoires qui la rendent particulièrement intéressante et que nous allons raconter :

Caïus Antonius Fortunatus était un vétéran de la IIIe Légion retiré à Sériana ; il était de Lamiga par sa maison. En dehors de son épouse chérie et de son jeune enfant *Antonius Verus*, Caïus avait donné son patronage et adopté la jeune Maxima. Il survécut à tous ces êtres chéris et leur dédia ce monument ; un cœur enflammé et trois cœurs éteints séparent les noms ; la pierre portait l'âge d'Antonius lui-même, mais ce chiffre nous est inconnu ; une cassure de la pierre nous l'a enlevé à jamais.

Les Byzantins prirent cette pierre massive sur le lieu de la sépulture et en firent le couronnement du réduit. Pendant quinze siècles elle occupa cette place et c'est là qu'elle fut retrouvée.

Il faut des matériaux pour bâtir et le *fort Turc* semble destiné à fournir des pièces de dimension, toutes façonnées et d'une solidité incontestable. La pierre fût enlevée et encastrée dans les assises d'un four. L'administration avertie fit des recherches, elle trouva la pierre et la fit remettre à sa place. Grâce à son intervention et à l'énergie de M. Bedouët, administrateur d'Aïn-El-Ksar, le monument de Caïus Antonius Fortunatus nous fût conservé tout entier.

Ce ne fût pas pour longtemps. La pierre mal assise sur un lit mal assuré tomba de son propre poids ; elle gît aujourd'hui brisée sous les débris du fort Byzantin.

Non loin du *fort Turc*, la pioche vient d'attaquer un mamelon d'une forme particulière. Ce mamelon était formé de la voûte d'un caveau, asile funéraire de quatre personnes qui dormaient en ce lieu leur dernier sommeil. On y trouva quatre cercueils de pierre renfermant les restes des morts.

Le réduit sépulcral est de forme carrée, ses parois sont ornées de corniches moulées qui supportent un plafond cimenté. Le tout éventré par la pioche n'est aujourd'hui qu'une ruine informe.

Les tombeaux enlevés ne sont plus que des auges destinées à servir aux usages domestiques des colons.

Les tombeaux de pierre creusés dans le roc couvrent le sol de Sériana, mêlés aux débris de la poterie la plus fine. Les vases d'argile trouvés

intacts par quelques colons sont remarquables
par leur solidité, le coloris et l'extrême élégance
des formes.

IV

La longévité des Anciens — Les Epoques
La numismatique à Sériana

Si les monuments artistiques ou funéraires
de Sériana sont de nature à nous donner une
exacte idée de la manière de ses sculpteurs, des
talents des ouvriers de la pierre, de l'habileté de
ses lapicides, l'intérêt qu'ils présentent à un autre point de vue les rend particulièrement précieux.

Le côté artistique des inscriptions nous donne
déjà l'idée certaine et la preuve matérielle que
Sériana était un foyer intellectuel important. La
science, alors même qu'elle n'étudie que ce côté
de la vie des Anciens, porte des jugements qui
sont toujours vérifiés par l'observation ulté-
rieure née des découvertes. Il est admis en archéologie que l'épigraphie d'une époque en marque presque le caractère artistique, le degré
variable de civilisation et, faute de témoins plus
sûrs, l'épigraphie aide la science à retrouver les
époques et à fixer la suite des temps. Nous verrons bientôt que la numismatique est un autre
foyer de lumière, de sorte qu'en appliquant à
cette étude le fruit de nos recherches, les indi-
cations puisées dans l'examen attentif des monnaies de Sériana nous aideront à retrouver le
passé.

Les tombeaux de Sériana portent, comme

ceux des autres cités, l'âge des morts ; si les pierres des sépultures romaines sont presque toujours muettes sur l'époque des décès et nous laissent ignorants des temps et des lieux, l'épigraphie latine inscrit sur les tombeaux, jusqu'à la minutie, l'âge des défunts. Nous y trouvons les ans, les mois et les jours vécus par les anciens et ici, comme ailleurs, rien ne manque de ce qui peut nous éclairer sur ce point.

L'ensemble de ce que nous y avons vu, c'est-à-dire de ce qui est lisible, forme comme un registre dédié aux Dieux mânes. Nous y trouvons, sans doute, des chiffres d'âges divers et bien différents, mais plus peut-être qu'ailleurs les tombeaux de Sériana nous révèlent la longévité considérable de ses anciens habitants. Nous allons tirer de ces annales funèbres écrites sur la pierre quelques chiffres intéressants.

Nous avons parlé des monuments funéraires de Calendonius et de Veneria ; nous avons traduit l'inscription de Fortunatus ; voici écrite sur un dé d'autel, l'épitaphe d'*Antistia Urbana*. Un chiffre illisible nous indique son âge et, d'après la disposition des sigles sur la pierre, nous le croyons élevé. Antistia paraît d'ailleurs avoir survécu à des parents d'un âge avancé. Mais à côté d'*Antistia, Titus Flacius Rogatus,* vétéran de la IIIe Légion (Augusta), dédie aux Dieux mânes sa femme âgée de quatre-vingts ans (*Vixit annis octoginta* LXXX).

Lucius Quintus, chevalier romain, meurt également à quatre-vingts ans : LXXX *(octoginta).*

Vint ensuite une jolie stèle à fronton ; le jeune

Concordius ne vécut qu'un an et douze jours (*anno diebus duodecim*).

Mais *Caïus Julius Felix* vécut soixante-dix ans (*vixit annis septuaginta :* LXX).

Monica Cusura, quatre-vingt-dix ans (*nonaginta :* LXXXX).

Sur un cippe hexagonal, *Hortensius Successus* nous dit qu'il vécut quatre-vingt-dix ans, LXXXX (*nonaginta*).

Plusieurs cippes offrent des difficultés de lecture ; l'usure de la pierre, rongée par le temps, ne permet pas à l'œil de saisir la forme des caractères effacés et l'esprit d'examen recule devant une restitution probable mais incertaine ; l'âge des défunts peut se deviner ; il nous paraît toujours fort élevé, mais manquant de certitude quant aux chiffres exacts de la durée de la vie, nous ne pouvons les mentionner.

Parmi ces morts, il convient de citer *Caïus Julius Cæsianus* et un certain *Fortunatus*, vétéran, qui nous paraît appartenir à la famille du noble *Antonius*. Nous avons traduit son inscription et décrit son monument.

Nous terminerons cette courte nomenclature par le monument de *Flavius Rogatus*, vétéran de la IIIᵉ Légion, qui vécut *cent quinze ans*. Il nous a laissé très visible ce chiffre sur la pierre :

Vixit annis centum et quindecim — CXV.

Puisse la jeune colonie puiser dans ces quelques lignes l'espoir de longs jours de paix, c'est-à-dire de jours heureux. Nous souhaitons vivement que ce court registre de la santé publique de la vieille cité, abandonné sur le sol, soit pour la cité nouvelle et ses hommes de bonne volonté comme un pronostic favorable de durée et une promesse de longévité.

Il nous reste à fixer d'une manière certaine l'époque vécue par les Anciens à Sériana. Cela nous paraîtrait difficile, si nous n'avions quelque teinture d'archéologie et quelques notions sur le caractère et la valeur des effigies.

Les deniers consulaires, les monnaies publiques, les effigies des Césars, les marques du Sénat et du peuple romain sont connus. Notre sol en contient d'un module et d'une perfection incomparables, il peut enrichir nos collections et combler les vides de notre numismatique dans les meilleurs de nos cabinets.

Les monnaies de Sériana présentent la pureté des marques, la frappe intacte de l'atelier, les légendes impériales et les attributs des Dieux protecteurs, les insignes de la puissance publique et celle des consécrations ; les monnaies restituées y sont marquées d'un sigle apparent, rien ne manque pour fixer la date de leur création et pour indiquer avec certitude l'âge de la cité, celui du municipe et de la colonie.

La plus ancienne des monnaies trouvées par nous sur le territoire de Sériana porte l'effigie de *Claude César.*

V

Les Epoques — La numismatique de Sériana

Cette monnaie très fruste n'est pas une monnaie restituée, c'est-à-dire refaite par les successeurs de Claude César; elle a été créée entre la

41ᵉ et la 54ᵉ année de notre ère. Nous y trouvons le titre de *censor* donné à l'empereur pour la première fois. Elle peut indiquer l'âge de Sériana qui, dans ce cas, dépasserait d'environ cinquante ans celui de Thamugas et atteindrait celui de Lambœsis.

Il est probable cependant que notre colonie est encore plus ancienne; si elle n'appartient pas aux fondations de Jules César qui créa pour *Sittius* les municipes du nord de la Numidie, elle appartient à celles, presque aussi anciennes, d'Auguste, qui fut le vrai fondateur des colonies de Rome en Afrique.

Nous croyons en tenir la preuve dans la petite collection de monnaies que nous avons essayé de créer avec les pièces de toute nature trouvées sur le territoire de Sériana.

Nous avons eu, en effet, entre les mains et nous la possédions encore, il y a peu de temps, l'effigie presque éteinte, à peine visible du prédécesseur de *Claude César, Caïus César Caligula* (37 à 41 de notre ère). La marque en est cependant douteuse. Le temps a trop laissé de son empreinte sur le bronze de *Caïus,* le sénatus-consulte est illigible, l'exergue seul porte la frappe de Carthage et nous préférons l'origine de *Claude* à celle du fils de *Germanicus.*

Sériana nous a fourni un *Néron* (54-68) magnifique, le revers en est remarquable par la beauté du type et le sujet absolument historique; nous avons ici une date certaine : le temple de Janus, ouvert par la guerre des Parthes, est fermé; nous y trouvons la légende célèbre : *pax terra marique parta.*

Les monnaies de *Domitien* (81-96) sont nombreuses à Sériana. Nous en connaissons huit; il porte le titre de Germanique sur les grands comme sur les bronzes moyens, la frappe est généralement belle sur ces derniers, magnifique sur les grands, il porte le titre de Germanique qui lui fut donné en l'an 84 et celui de *censor perpetuus* qu'il prit en l'an 85.

Les monnaies de Trajan sont encore plus remarquables; faites de grands bronzes d'une facture admirable, elles portent les victoires de la *Pannonnie*, de la *Mœsie*, les titres impériaux de Germanique, de père de la patrie et de Dacique, ce qui nous porte à l'an 103 de notre ère, celui de Parthique qui nous donne l'an 116.

Nous ne connaissons que deux monnaies d'*Hadrien*, avec le titre *pater patriæ*, trouvées à Sériana (128, grands bronzes); quatre d'*Antonin*, père de la patrie (138); cinq de *Marc-Aurèle*, bronzes moyens, avec les titres d'*Arménique*, de grand *Parthique (Parthicus Maximus)*, de *Médique*, de *père de la patrie (pater patriæ)* de Germanique et de Sarmatique (175).

Inutile de faire remarquer à nos lecteurs que les dates que nous écrivons à la suite des titres des empereurs ne sont pas celles de leur avènement. Nous connaissons les époques des sénatus-consultes qui conféraient aux Césars les dignités et les triomphes et celles où, plus communément, ils se les attribuaient eux-mêmes. L'énumération des dignités impériales est donc chose très utile puisque nous pouvons attacher une date certaine à chacune d'elles et cela pour tous les empereurs.

Nous connaissons deux bronzes de *Lucius Verus*, trouvés à Sériana.

Les monnaies de *Commode*, fort belles, y sont assez nombreuses en grands et moyens bronzes. Elles portent tous les titres de la puissance impériale que nous venons d'énumérer et en plus celui de *Pius*, de *Felix* qui paraissent alors, pour la première fois, sur les monnaies romaines, et celui de *Britannicus* (184).

Les monnaies de Commode se distinguent, comme d'ailleurs toutes celles des Antonins, par l'indication de la puissance tribunitienne suivie du chiffre de cette dignité. C'est la seule qui, se renouvelant tous les ans, donne exactement toutes les années de chaque règne; par exemple, si tel empereur était dans la dixième année de son règne, ses monnaies portent qu'il jouissait de la dixième puissance tribunitienne *(tribuniciæ potestatis, decimum)*.

Toutes les belles monnaies de Sériana portent les puissances tribunitiennes des empereurs, quelques-unes sont illigibles dans cette partie de leur légende, mais celles qui restent nous suffisent; de sorte qu'il nous est possible de trouver les époques par les effigies et les dignités et l'année du règne par la puissance tribunitienne.

Les plus belles médailles de Sériana sont dédiées aux femmes des empereurs. Voici celle de Faustine (*Faustina Augusta*), femme d'Antonin avec la légende : *Sideribus recepta.* Frappée à l'époque où l'impératrice était reçue parmi les Dieux, cette pièce nous dit assez qu'elle appartient aux monnaies posthumes. C'est ce qu'on appelle en numismatique une médaille de consécration. La physionomie et la tête de Faustine y sont d'une rare finesse ; la chevelure relevée en tourelle est caractéristique. Aucune impératrice ne lui a donné cette forme qui désigne, à elle seule, la femme d'Antonin, mère de Faustine jeune (*Faulisna junior*).

Celle-ci fut la femme de *Marc-Aurèle* et la mère de *Commode ;* la même légende nous dit qu'elle jouit dans les astres, où elle a été reçue, des honneurs divins, c'est-à-dire qu'elle est morte. La jeune *Faustine* n'est pas moins belle que sa mère, sa chevelure dessine les vagues de la mer ; la frappe est admirable et la conservation parfaite ; nous pouvons regretter de n'avoir trouvé à Sériana qu'une seule pièce de la mère de Commode que nous y trouvons souvent.

Nous possédions, venant de Sériana, trois médailles du jeune *Alexandre Sévère* (222-235) dédiées à Rome éternelle (*Rome Æternæ*). Elles sont bien frappées. Une de sa mère *Julia Mammœa* d'une belle facture ; un *Septime Sévère* médiocre (193-211) et une *Julia Domna* passable, en argent. Nous n'y avons pas encore rencontré leur fils *Caracalla* qui a cependant couvert l'Afrique et le monde romain de thermes et de monuments.

Mais Sériana nous a donné une double monnaie de *Maximin* d'une effigie et d'une conservation parfaites. La légende (*Victoria Germanica)* de l'une rappelle la défaite constante des Germains sous *Maximin* et la légende *(Fides militum)* le serment militaire qui lui fit défaut contre les Gordiens.

Philippe (244-249) est représenté jusqu'à ce jour à Sériana, non-seulement par la colonne milliaire dont nous avons parlé, mais encore par trois monnaies qui ne laissent rien à désirer au point de vue de la frappe et de la conservation. Nous y lisons la légende *(Reditus Augusti).* L'empereur à cheval fait son entrée dans Rome accompagné de son jeune fils, pour y célébrer le *millenium* romain ou le millenaire de la fondation de Rome. Cette fête ne fut célébrée qu'une seule fois et *Philippe* ne parut qu'à cette occasion dans la ville éternelle. La médaille de Sériana qui nous a gardé le souvenir de cet événement nous est doublement précieuse, comme document historique et comme médaille antique.

VI

La numismatique et le christianisme à Sériana

Il convient de terminer rapidement cette nomenclature un peu sèche pour aborder, dans un autre ordre d'idées, un sujet nouveau. L'objet de cette étude est non-seulement de retrouver le passé de Sériana, absolument inconnu jusqu'à ce jour, nous nous proposons encore de jeter un coup d'œil sur la cité nouvelle et de formuler notre espoir dans son avenir.

Sériana porte sur ses monnaies l'effigie de

Gallien. Ses bronzes sont petits mais très fins. L'effigie de l'empereur, au type radié, répond à celui de Diane protectrice, gravé sur le revers. Les monnaies de Claude, deuxième du nom, sont nombreuses et uniques.

La couronne radiée ceint la tête. L'autel funéraire allumé ou le phénix divin sont au revers avec la légende *(consecratio)*. Claude était mort lorsque parut cette monnaie funèbre ; mais les barbares frappaient déjà aux portes de Rome et vainqueur, il était mort pour la patrie. Le Sénat rendit à Claude des honneurs divins et les monnaies de Sériana nous ont gardé l'autel funéraire semé de parfums, ou le phénix, symbole de l'immortalité.

On trouve à Sériana les monnaies de Probus et celles de la Tétrarchie : Dioclétien, Maximien, Constance Chlore et Galère y sont frappés sur des bronzes médiocres et toujours bien conservés. Ils appartiennent à deux époques différentes et présentent aussi le plus vif intérêt.

L'empereur payen était barbare et cruel ; il n'était pas moins orgueilleux. Après avoir vaincu ses rivaux, il se fit le compagnon du soleil invincible et les monnaies de Sériana portent l'insolente devise *(soli invicto comiti)*. Elles nous parlent aussi, dans leur langage, de l'empereur chrétien, et nous voyons alors les aigles romaines ornées des insignes du Christ pour la gloire de l'armée *(gloriæ exercitus)* et la croix victorieuse sur le Labarum *(in hoc signo vinces)*.

Les monnaies de Constance sont de même

module, mais on les trouve à Sériana en quantité innombrable ; c'est la monnaie romaine la plus commune, non-seulement à Sériana, mais encore à Diana, Toubna, Mascula, Lambœsis et dans toute la région de Batna.

Le légionnaire romain qui frappe de sa haste l'ennemi renversé est l'effigie ordinaire des monnaies de Constance. Le revers porte toujours la légende (*Felix temporum reparatio*). L'allusion qu'elle contient mérite à elle seule une étude spéciale. La réparation de ces temps nouveaux était encore récente, le christianisme l'apportait dans sa doctrine et la donnait au monde, Constance était chrétien, le paganisme était vaincu pour le bien de l'humanité jusque sur le seuil des palais des empereurs.

Deux monuments existent à Sériana qui datent de cette aurore nouvelle. Nous en trouverons d'autres. .

De bonne heure, le christianisme avait pénétré l'Afrique et là, comme partout, soulevant par la doctrine et par l'idée le monde des esclaves, accomplissait la révolution sociale la plus puissante de tous les temps. Ses insignes ne décoraient pas seulement les voûtes et les parvis des temples, les places publiques et les maisons des particuliers portaient les marques de la foi nouvelle. Nous trouvons sur deux belles pierres de Sériana l'anagramme du christ rectiligne ; l'alpha et l'oméga inscrits dans le cercle nous parlent mystérieusement du commencement et de la fin des temps. Au-dessous deux signes chrétiens complètent la décoration. Il serait à souhaiter que ces témoins du christianisme naissant nous soient conservés.

Nous trouvons à Sériana quelques monnaies sans valeur des derniers empereurs d'Occident, tels que Valentinien Gratien ; des petits bronzes de Théodose ; des médailles frappées en l'honneur de Rome et de Constantinople ; la louve allaitant Romulus et Remus sous les étoiles protectrices de Rome, Castor et Pollux, puis plus rien.

Sériana a donc vécu la durée de l'Empire romain tout entier, avant de disparaître dans la cendre où nous le retrouvons aujourd'hui ; nous n'avons encore rencontré aucun témoin de son agonie.

VII

La Cité nouvelle

Extincta revivisco

Sur cet amas de décombres, devenu territoire libre, un point a été choisi, dont nous avons déjà esquissé la situation ; le village de Sériana a été fondé. Nous allons le faire connaître dans cette dernière partie de notre travail.

Il est formé actuellement par un groupement de quarante maisons habitées par autant de familles originaires de France et d'Algérie ; la dotation territoriale qui l'entoure est de premier choix, la partie cultivable du sol prend les trois quarts du territoire ; le reste est formé par les terres de parcours, les réserves, l'emplacement du village et les lots désignés par la nature du sol et leur emplacement pour une seule destination. Le sol est partout d'excellente qualité, mélange de terres fortes et légères, propre, en un mot, à toutes les cultures, surtout à celle de la vigne.

L'arrosage dispose de 10 litres par seconde, au minimum, pendant les fortes chaleurs, et le débit des eaux peut, comme volume, atteindre plusieurs fois cette quantité dans les années pluvieuses.

Mais, tel qu'il est en temps ordinaire, le volume d'eau qu'on peut jeter sur le sol ne paraît pas suffisant à nos colons. Les sources situées à la tête de l'Oued Sériana, qui alimentaient autrefois la vieille cité, pourraient, disent-ils, être captées et assurer dans une large mesure l'irrigation du sol. Cette irrigation n'est actuellement assurée que pour les lots de jardin. Des travaux de canalisation vont être entrepris qui assurent également à la jeune vigne de Sériana une part d'eau nécessaire. Les jeunes plantations ont aujourd'hui cinq années d'âge et nous estimons à plus de trente hectares leur étendue actuelle.

La vigne de Sériana promet le vin des pays calcaires; les sauterelles n'ayant pu dévorer toute la récolte dernière, ont laissé assez de raisins pour permettre aux colons d'en fabriquer quelques litres; nous avons pu goûter le vin de Sériana, ce qui n'a pas été pour nous une mince satisfaction, car nous avons suivi toutes les phases de cette création sortie de la pierre et de la broussaille et noté, pour ainsi dire jour par jour, par devoir professionnel, le progrès de tous les travaux. Nous rendons hommage aux efforts de nos colons ; la vigne donne déjà la qualité, bientôt ils auront la quantité qui les dédommagera de leur pénible labeur.

Deux routes permettent l'écoulement des produits de Sériana. La première relie le village à Constantine par un tronçon de sept kilomètres, détaché de la route en création de Batna à Sétif ; la seconde se dirige sur Batna par le col de Djerma et joint la route nationale de Constantine à Biskra au pied des montagnes qui dominent au nord-ouest la vallée de Batna. A quelques kilomètres de ce point se trouve la voie ferrée et la gare d'El-Madher qui peut servir de dépôt aux marchandises et aux produits de toute nature.

Telle est la situation de Sériana et telles sont les ressources naturelles et autres qui assurent à ce centre en formation vie et prospérité. Les colons immigrants ou algériens ne sont d'ailleurs pas indignes des faveurs dont l'administration française a été prodigue à leur égard. Après les évictions nécessaires qui ont eu lieu, la colonie de Sériana reste remarquable par les qualités agricoles et industrielles de ses habitants. L'esprit de solidarité y est en honneur ; nous pourrions en citer des exemples. En voici un qui est empreint de la plus noble et de la plus touchante fraternité :

Le père Michaud est un vieux soldat de Crimée. Il était à l'Alma, à Inkermann, au Mamelon Vert, à Malakoff. Médaillé militaire, il servit dans les Forêts et, quand sonna l'heure de la retraite, devint colon à Sériana. Le malheur le frappa aussitôt, il vit l'incendie détruire sa modeste demeure et, pour la première fois peut-être, le père Michaud désespéra de l'avenir.

Mais voici un noble exemple : tous les colons de Sériana se mirent à l'œuvre ; chacun apporta quelque chose de son argent et de son travail, la maison du père Michaud fut reconstruite plus grande et plus belle ; le vieux soldat y trouvera pendant longtemps encore un foyer pour sa famille et un abri pour ses vieux jours.

Il est aujourd'hui facile de se rendre compte du labeur réalisé et des travaux accomplis à Sériana.

Trente-sept familles sont actuellement définitivement installées à Sériana. Elles forment un groupe considérable de personnes ; le village sera complété par d'autres colons et deviendra définitif par l'aliénation des lots industriels très nombreux. 100 maisons pourront être construites en peu de temps.

En dehors des colons algériens qui forment avec leurs familles le peuplement de Sériana, les départements de la vallée du Rhône, ceux de la Savoie, de la Drôme, de l'Isère et du Vaucluse ont fourni la population agricole et industrielle du nouveau centre. Leurs familles sont assez nombreuses ; l'école communale compte un grand nombre d'enfants dont la bonne tenue mérite d'être signalée autant que la politesse et l'éducation. Ces enfants sont brillants de santé et de propreté; ils sont pleins de force et de vigueur.

La sollicitude des parents pour l'instruction

de leurs enfants, secondée par le zèle et le dé-
veuement d'une institutrice dévouée, n'est pas
moins remarquable, et on trouve généralement
dans les demeures des colons de Sériana une
propreté et un confortable qui indiquent bien que
l'administration a eu la main heureuse dans le
choix de ses habitants.

Les maisons de Sériana sont construites dans
de bonnes conditions ; quelques-unes munies de
caves et de greniers sont relativement belles.
La vigne plantée par presque tous les occupants
réussit merveilleusement partout. Le village
abonde en céréales, produit d'une bonne année
qui coïncide heureusement avec les dernières
prises de possession du sol. L'année 1890 en
promet autant. La culture maraîchère, favorisée
par d'intelligentes irrigations, est également flo-
rissante à Sériana. Elle fournit déjà aux colons
de précieuses ressources. En un mot, l'avenir et
la fortune de ce centre nous paraissent assurés, autant par la valeur des colons que par les
ressources naturelles du sol et les moyens d'action qui leur ont été libéralement assurés par
l'administration.

Puisse la discorde ne jamais troubler le labeur pénible mais fécond des habitants de Sériana ! puisse l'esprit de solidarité et de fraternité
être l'esprit des bons comme des mauvais jours.
Sous l'égide du génie colonisateur de la France,
le seul qui ressemble au génie de Rome, la
vieille cité renaîtra.

Pulvis veterum renovabibur.

LÉON DOMERGUE.

TIMGAD

TIMGAD

Les dernières fouilles et les découvertes — Le Macellum et la dédicace de Marcus Pompeïus Quintanius.

Je viens de rentrer à Batna, après une longue absence motivée par les travaux du *Senatus-Consulte*. Cette tournée m'a permis de revoir Timgad où, pendant plusieurs heures, j'ai admiré les résultats des plus récentes fouilles. Je n'ai pas manqué de visiter en détail le *Macellum* ou petit *Forum*, aujourd'hui entièrement déblayé.

C'est là que gît une pierre d'un beau style, dont la découverte m'a été signalée par M. Sarrazin, représentant des Beaux-Arts, directeur des travaux, comme le résultat du dernier coup de pioche. Elle est dans un état de conservation parfaite, entourée de moulures, et mesure 1 m. 30 de hauteur sur 0 m. 58 de largeur. Elle repose sur le parvis du *Macellum* ou place du marché antique, aujourd'hui débarrassé des détritus, mais rempli de colonnes, de socles et de débris de statues, ornements de ces lieux dans l'antiquité.

On y lit l'inscription suivante, dans un texte dont je garantis la lecture :

SERTIO
OPTANTIVS

M. PLOTIO FAVSTO
EQ. R. PRAEF. COH
III. ITYRAEORVM
TRIB. COH l. FL. CANA
THE NORVM. PRAE
ALAE. I. FL. GALLORVM
TAVRIANAE. FL. PP
SACERDOTI VRBIS
M. POMPEIVS QVIN
TIANVS EQ. R. FL. PP
PARENTI CARIS
SIMO

J'estime que ce texte latin doit être lu de la manière suivante :

Sertio Optantius ; Marco Plotio Fausto equiti Romano præfecto Cohortis tertiæ Iturœorum, tribuno Cohortis primæ flaviæ Canathenorum, præfecto alæ primæ flaviæ Gallorum Taurianæ, Flamini perpetuo, Sacerdoti urbis.

Marcus Pompeius Quintanius, eques Romanus flamen perpetuus parenti Carissimo.

Et qu'on doit la traduire ainsi en français :

A Sertius Marcus Plotius Faustus, chevalier romain, préfet de la troisième cohorte d'Iturée, tribun de la première cohorte flavienne de Canatha, préfet de la première aile de cavalerie flavienne de Tauriana, flamine perpétuel, prêtre de la ville; Optantius Marcus Pompeius Quintanius, chevalier romain, flamine perpétuel, a élevé ce monument à son très cher parent. »

Les noms Sertio, au datif, et Optantius, au nominatif, sont probablement les *agnomina* ou surnoms personnels des deux personnages. Il est curieux de les voir réunis, ce qui paraîtrait constituer une double dédicace à Plotius Faustus.

Je laisse aux savants le soin d'expliquer cette énigme, et en attendant je m'en tiens à mon appréciation.

Le style est une date en épigraphie. Or, par sa facture, celle de notre inscription nous rapporterait à la belle époque de l'épigraphie latine, celle des Césars et des Antonins ou des premiers Syriens, comprenant les deux premiers siècles de notre ère et le commencement du troisième, mais une particularité infime nous indique qu'elle est plus récente; dans le mot ITYRAEORVM, la troisième lettre, au lieu d'affecter la forme de l'U latin, qui s'écrit V, a la forme de l'hupsillonn grec, ce qui nous indique l'époque de l'invasion de l'hellénisme dans l'épigraphie latine après le transfert du siège de l'empire à Constantinople.

Nous n'avons vu nulle part, jusqu'a ce jour, les noms *Optantius* et *Pompeïus Quintanius* gravés sur la pierre en Algérie.

Les noms de *Sertius Marcus Plotius Faustus* apparaissent sur d'autres pierres de Timgad, avec l'énumération des mêmes charges militaires et du même sacerdoce. Ces pierres, réunies sur le même point, sont restées immobiles à travers les siècles, sur un sol raffermi.

Les inscriptions, assez apparentes et d'une lecture relativement facile, surtout pour les savants qui ont visité ces lieux, ont été probablement recueillies et publiées, mais sans commentaire connu. L'une d'elles, gravée sur un socle encadré de moulures, indique que le monument servait à la décoration du *Macellum*. Cette précieuse indication désignait l'emplacement du petit Forum et les fouilles dès lors entreprises et habilement dirigées par MM. Sarrasin et Gonson, viennent d'en assurer la découverte il y a à peine quelques jours. Rien n'est encore connu, rien n'en a encore été publié ; nous aurons donc l'honneur d'en parler le premier.

Le *Macellum* de Timgad, comme le *Macellum Augusti* de Rome n'était autre chose qu'une enceinte ou bâtiment servant de marché ; il est quadrangulaire et forme au sud, par l'hémicycle, la partie circulaire qui contient les cases presque intactes des marchands forains. Si on en juge par la beauté des marbres qu'il contient, la finesse des sculptures, la richesse et la régularité du parvis, encastré dans les portiques ruinés, si on examine de près l'œuvre à peine découverte de la canalisation souterraine, ce lieu public paraît digne du grand Forum, centre des rapports et des communications entre les habitants, et donne lui-même une haute idée de la splendeur de Thamugas. On y voit, bien conservées dans de petites cases (tabernæ Macellariæ), des tables carrées assises sur des piliers rectangulaires, sur lesquelles étaient mises en vente les provisions de toute sorte et les produits de l'industrie. Pline rapporte que les comestibles mis en vente étaient cuits et tout apprêtés, même les légumes. C'est pour cela que les maisons particulières, chez les Romains, n'entretenaient pas de cuisiniers. Ces hommes spéciaux se tenaient au *Macellum*, d'où on les tirait à grands frais, dans les jours de fête, pour la préparation des festins. Certains esclaves louaient ainsi leurs services et, vu l'importance de la cuisine chez les Romains, en même temps qu'à la fortune, arrivaient à la liberté.

A titre de commentaire explicatif purement technique, je trouve dans notre inscription un modèle réduit de *Cursus Honorum* (carrière des honneurs publics), de l'ordre équestre pour les charges militaires qui donnaient accès aux fonctions civiles plus élevées de cet ordre. C'est l'organisation de la Société romaine créée par les Césars, dont parle Suétone, après avoir cité dans *Claude* le nom d'Aulus Plautius, qui fut peut-être l'aïeul de Faustus :

« Equestres militias ita ordinavit ut post cohortem
« alam, post alam, tribunatum legionis daret. »
« Claude régla le service de la cavalerie, de ma-
« nière qu'après avoir commandé une cohorte, on
« commandait un escadron et que de là on passait
« au grade de tribun légionnaire. »

Sertius Marcus Plotius Faustus, chevalier romain, fut successivement préfet de la troisième cohorte d'Iturée, tribun de la première cohorte Flavienne de Canatha, capitale de cette région syrienne de l'Asie mineure et préfet de la première aile de cavalerie flavienne d'*Augusta Tauriana* de la Gaule Cisalpine, aujourd'hui Turin.

Contrairement à l'institution de Claude César, Faustus obtint le tribunat militaire après la préfecture de la troisième cohorte Flavia d'Iturée et avant le commandement de la cavalerie. Le fait n'est pas rare et quelques inscriptions nous donnent un *Cursus Honorum* équestre ainsi régié ; mais Faustus devint flamine perpétuel et prêtre de Timgad avant d'avoir obtenu le tribunat légionnaire, terme suprême de la carrière militaire équestre.

L'inscription n'en donne pas le motif.

Marcus Pompeïus Quintanius éleva ce monument à son parent Faustus, sur la place publique ou *Macellum*, aujourd'hui appelée *petit Forum*. Chevalier romain et flamine perpétuel lui-même, il orna la pierre de diverses moulures et d'une épigraphie qui fait honneur aux artistes lapicides de Timgad.

Les lettres bien fouillées n'ont pas moins de dix centimètres sur les deux premières lignes et de quatre centimètres sur les autres.

Nous avons cherché vainement les noms de ces deux personnages sur un document précieux découvert dans les premières fouilles de Timgad et aujourd'hui déposé au *Prætorium* de Lambèse. Ce document, dont la découverte a ému le monde savant serait unique, si l'Italie n'en possédait un semblable, celui du municipe de *Canusium*. C'est l'album ou liste des membres du conseil municipal de Timgad (ordo splendidissimus), à une époque inconnue qu'on suppose être, vu l'épigraphie et certains indices locaux, le milieu du troisième siècle, avec la mention des dignités et des fonctions publiques dont chacun d'eux était revêtu. *Faustus* et *Quintanius* ont certainement fait partie de cette assemblée, mais ils ne sont pas contemporains des *Clarissimes*, dont les noms nous ont été conservés. Le caractère de l'épigraphie nous indique qu'ils ont vécu antérieurement.

L'avenir nous réserve bien des surprises sur ces lieux où sont accumulés les derniers vestiges de la puissance et de la majesté romaines.

Cent monuments, pareils aux livres des Prophètes
Sont de Rome en ces lieux les doctes interprètes

La science et les arts y trouveront leur compte et le même aliment inépuisable qui a illustré le sol de la Grèce et de l'Italie. Après les travaux considérables et intelligents qui ont rendu à la lumière la porte monumentale, le théâtre, la Curie, la basilique et le Forum, précieux monuments enfouis sous le sol par l'œuvre néfaste du temps, le temple de Jupiter écroulé mérite d'être relevé sur ses fortes assises avec les colonnes corinthiennes, aux formes colossales qui en formaient le péristyle.

Les récentes fouilles entreprises par l'Etat, sous la haute direction de M. l'ingénieur Duthoit, conduites par M. Sarrasin, représentant des Beaux-Arts, et M. Gonson, propriétaire à Lambèse, ont la même valeur et présentent le même intérêt, au dire des savants, que celles qui ont ressuscité les villes éteintes d'Herculanum et de Pompeï. Elles méritent donc d'attirer sur *Thamugas* l'attention du monde savant, celle des lettrés et des amis des arts. Toute pierre retrouvée dans ce sol rappelle l'antiquité encore ignorée ; toute pierre écrite qui disparaît, témoin à jamais muet de la vie des anciens, emporte avec elle un souvenir et souvent une page de l'histoire ou une parcelle de l'antique civilisation.

LÉON DOMERGUE.

NOTE

Nous n'avons pas revu les bornes milliaires citées par Wilmanns, de l'Académie de Berlin, rédacteur du *Corpus*; nous n'avons trouvé nulle part la trace de la voie romaine de Lambœsis à Diana par Tadutti, sauf aux portes de Lambèse où elle est très visible; elle est absolument inconnue entre Tadutti et Diana qui n'en offre aucun vestige apparent. Il en est de même des lieux où ont été rencontrés par l'auteur les milliaires de Philippe et de Maximien Galère.

Note de l'Auteur.

ERRATA

Page 1, 1re ligne. Après « encore inachevé », ajouter : *qui porte ce nom*.

Même page, 11e ligne. Après « ne laisserait plus », ajouter : *alors*.

Page 9, 25e ligne. Après « cendres », ajouter : *dispersées*.

Page 15, 23e ligne. Au lieu de : « et adopté la jeune Maxima », lire : et *avait* adopté la jeune Maxima.

Page 26, 21e ligne. Au lieu de : « et présentent aussi », lire : et présentent *ainsi*.

Page 27, 16e ligne. Au lieu de : « sur le seuil des palais », lire : sur le seuil *du* palais.

Page 32, 28e ligne. Au lieu de : « être l'esprit », lire : être *leur* esprit.

Batna. — Imprimerie Typographique A. BEUN